Mutter & Tochter

Erfahrungen von Müttern für Mütter

LARDON

Impressum

Originalausgabe

Umschlaggestaltung: Felix Wilke
Coverfoto: dfd Hamburg

Grafisches Konzept und Satz: Anja Behrends

Printed in Germany

ISBN 978-3-89769-059-2

Und für die Mütter von Jungen:
Mutter & Sohn
ISBN: 978-3-89769-058-5

www.lardon-media.com

Mutter und Tochter

Herausgegeben von zwei befreundeten Müttern,
die mit vielen anderen Müttern befreundet sind,
die ihrerseits viele Mütter von Töchtern dazu
angeregt haben, ihre ganz persönlichen Erfahrungen
und Ratschläge in diesem Buch weiterzugeben.

LARDON

Dieser kleine Ratgeber ist für Mütter von Töchtern gedacht.

Er wurde von Müttern für andere Mütter geschrieben, vor allem für werdende und frischgebackene, aber auch für Großmütter, die sich gern erinnern. Viele Mädchen-Mütter haben ihre Erlebnisse und Beobachtungen eingebracht. So wurde ein reicher Erfahrungsschatz zusammengetragen, der hilfreich sein kann, aber auch zum Schmunzeln anregen soll.

Wenn du mit deinem Kind harmonierst, könnt ihr die vor euch liegende Lebensreise in vollen Zügen genießen. Ein bisschen Humor, ein Gefühl von „Ach, das ist anderen Müttern auch schon so gegangen!" hilft dir dabei, sicherer zu werden. Manchmal bringt schon eine kleine Verschiebung des Blickwinkels die Lösung für die Probleme des Alltags!

Und vergiss nicht, du bist ihr Vorbild auf dem Weg, eine Frau zu werden.

Von dir lernt sie Selbstvertrauen, ihre Art, mit anderen Menschen umzugehen, ihre weiblichen Reize anzunehmen – und einzusetzen. Sie beobachtet, wie du mit ihrem Vater umgehst; was dir wichtig und weniger wichtig ist, um glücklich zu sein.

Eine große Verantwortung, aber auch eine ganz besondere Beziehung wartet auf dich. Setze eindeutige Grenzen und lebe ihr klare Werte vor. Erwarte nicht zu viel von dir selbst, aber auch nicht von ihr. Das ist eine gute Basis für euch zwei! Hör auf dich selbst, lass dir nicht zu viel reinreden: Es gibt viele unterschiedliche Wege, mit Kindern zu leben – und was die Sache besonders spannend macht: Jedes Kind ist anders.

Claudia Lardon und Andrea Wilke-Schwartz
Im Sommer 2007

Meine allerliebste Tochter,

immer und immer, wenn ich an dich denke,
möcht ich alles Arge von dir wenden
am besten,
ich schick dir diesen Stoff aus Licht,
an dem wir Mütter immer weben,
gefüttert ist er ganz und gar
mit Liebe und mit Zuversicht,
die dich erhält und wärmt und nährt –
mein Silberhaar ist auch dabei.

Jedes Kind ist ein Wunder.
Vergiss nie zu staunen.

Bereite dich auf die intensivste
Liebesbeziehung vor, die du je hattest.

Habe keine Scheu davor, deine Tochter
zu verwöhnen, ihr deine Zuwendung und
Zärtlichkeit zu schenken.
Sie braucht deine Nähe.

Erziehe deine Tochter mit Liebe.

Der Blick deines Babys geht bis in deine Seele.

Eine Mutter versteht ihr Kind auch ohne Worte.

Nimm dir Zeit für dich und deine Tochter.
Mutterzeit ist unersetzlich.

Lies deiner Tochter vom ersten Tag an etwas vor. Zehn Minuten täglich reichen schon aus, um ihre Sprachentwicklung und die Entwicklung des Denkvermögens entscheidend zu unterstützen.

Du kannst ihr auch aus der Zeitung vorlesen. Die Hauptsache ist, dass deine Tochter verschiedene Laute und Sprachstrukturen zu hören bekommt.

Sieh das Leben positiv.
Wenn du dich überfordert fühlst, hol dir Unterstützung. Als es noch Großfamilien gab, war es selbstverständlich, dass die Eltern nicht rund um die Uhr allein für ihre Kinder verantwortlich waren.

Mache alles von Anfang an so,
wie du es richtig und wichtig findest.
Warte nicht, bis sie „vernünftiger“ ist.

Auch wenn es dir manchmal
schwer fällt abzugeben:
Sie lässt sich auch gern von ihrem Papa
baden und ins Bett bringen.

Du kannst nicht allen gerecht werden.
Gib jedem einen angemessenen
Teil von dir – auch dir selbst.

Akzeptiere dein schlechtes Gewissen.
Es wird dich von nun an begleiten.

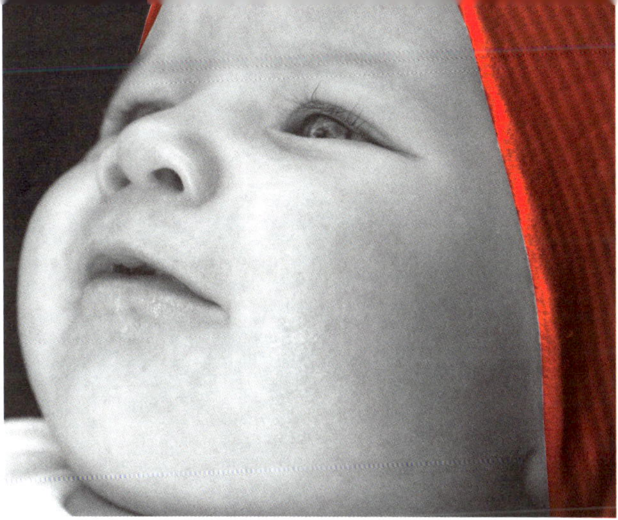

Ignoriere das Weinen deiner Tochter nicht, sondern tröste und beruhige sie – und lenke ihre Aufmerksamkeit auf andere Dinge.

Lass dich nicht von Mutter und Schwiegermutter verunsichern. Es hat sich einiges verändert, seit sie Kinder bekommen haben.

Wie praktisch,
wenn du dich fürs Stillen entscheidest!
So hast du immer
deine eigene Milchbar dabei.

Besuche eine Stillgruppe.
Du glaubst gar nicht, wie viele Tipps und wie viel Wissenswertes es rund ums Stillen zu erzählen gibt.
Am besten zusammen mit einer Stillberaterin, z.B. von der La-Leche-Liga.

Wenn du nach jeder Stillmahlzeit
ein bisschen Milch abpumpst und dir davon
einen kleinen Tiefkühlvorrat anlegst,
schaffst du dir ein Zeitfenster,
einen kleinen Aktionsradius ohne dein Baby.

Wenn du auf Fläschchen umstellst,
freut sich der Papa, dass er jetzt auch
ihren Hunger stillen darf.
Und wie schön, du bist mal entbehrlich!

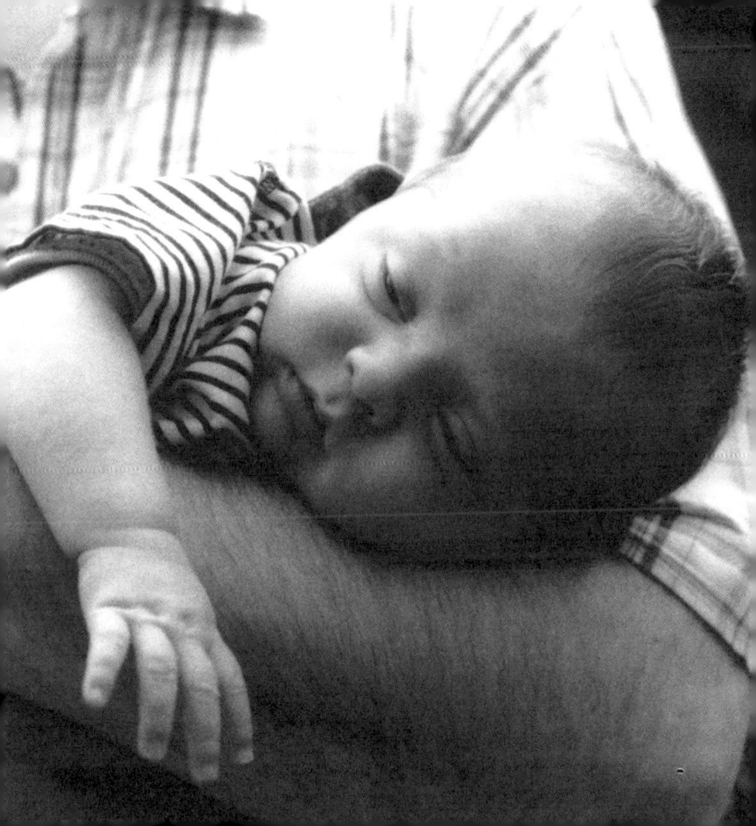

Triff dich regelmäßig mit anderen Babymüttern. Du hast viele wichtige Kleinigkeiten zu besprechen, die nur andere Babymütter verstehen – und interessieren.

Sprich bei diesen Gelegenheiten deine Probleme offen an, vor der Gruppe oder im Zweiergespräch. Es ist sehr erleichternd zu hören, dass bei den anderen auch nicht alles glattgeht.

Im Krabbelalter:
In einem Erste-Hilfe-Kurs lernst du unter anderem, richtig zu reagieren, wenn dein Kind in eine Steckdose greift.

Jetzt kannst du viele Mutter-Kind-
Freundschaften für die
nächsten Jahre schließen.

Der Raum ist überheizt. Die Mütter tragen dünne Sommersachen, die Babys sind nackt – und ohne Windeln!
Ihr singt Babylieder und spielt Babyspiele. Die Babys giggeln und strampeln und sind völlig entspannt. Probiert aus, ob euch beiden eine solche PEKiP-Gruppe (Prager-Eltern-Kind-Programm) guttut.

Gönne deinem Kind ab und zu eine Babymassage: Hautkontakt ist ganz wichtig für seine emotionale und geistige Entwicklung!

Probier mal, ob sie sich gern mit einem Fön trockenpusten lässt – oder eher das Trockenrubbeln mit dem Handtuch genießt.

Sprich ruhig und freundlich mit deiner Tochter.

Schon im ersten Lebensjahr kannst du
mit ihr Bilderbücher anschauen.
Das schult ihre Wahrnehmung.

Geh mit ihr in den Zoo.
Sie wird es lieben, die Tiere zu beobachten.

Schaut euch gemeinsam häusliche Gegenstände an.
Damit förderst du ihre geistige Entwicklung.

Zugleich könnt ihr euer Zusammensein genießen. Das gibt deiner Tochter dieses wunderbare Gefühl der Geborgenheit.

Deine Arbeit läuft nicht weg, während
du deiner Tochter den Regenbogen zeigst.
Aber der Regenbogen wartet nicht,
bis du mit deiner Arbeit fertig bist.

Deine Tochter wird dich an deine
Grenzen bringen.
Zeige sie ihr rechtzeitig.

Ich kann in mein Kind nichts hineinprügeln,
aber vieles herausstreicheln.

Wenn deine Kleine
ihren Mittagsschlaf hält,
denk nicht an deinen Haushalt,
sondern an dich.

Du gewinnst die Liebe deiner Tochter mit
Verständnis, Geduld, Respekt und Wärme.

Ein Kind groß zu ziehen ist immer auch
Arbeit und ein Stück Selbstverleugnung.
Aber es lohnt sich!

Male einen Luftballon an.
Gib ihm Augen, Nase und einen Lachmund.
Bewege ihn vor ihren Augen hin und her.
Sie erkennt schon ein Gesicht und wird
fasziniert sein.

Lass ihren Papa ein paar Nudeln langsam in den Mund einziehen. Dabei kann dieser sein Talent zum Grimassen schneiden beweisen – ob Spaghettini oder Maccaroni ist dabei egal.

Schnuppere an ihren süßen Zehen herum (du liebst ihre bezaubernden Babyfüßchen!), halte dir die Nase zu und stöhne: „Puh, Käse ...“. Wenn sie sich vor Lachen ausschüttet, warst du richtig überzeugend.

Wie ein Vogel wärmend und schützend
die Federn über sein Küken breitet,
so glucke auch ich,
und lasse es dir an nichts fehlen.

Mach dir nicht zu viele Sorgen,
wenn sie wenig isst. Es ist noch kein wohlbehütetes Kind an Unterernährung gestorben, aber es hat schon viel unnötigen „Will-nicht“-Stress gegeben.

Baue dir rechtzeitig ein Netz an
Bezugspersonen auf.
Ein Babysitter ist Gold wert,
wenn du mit den Nerven am Ende bist.

Die Liebe zu unseren Kindern ist nicht besitzergreifend, denn Kinder kommen durch uns auf die Welt, aber sie sind nicht unser Eigentum.

Unsere Kinder können und sollten
auch nicht mögliche Enttäuschungen
in der Partnerschaft oder
der eigenen Kindheit wiedergutmachen.

Ein paar Tage bei den Großeltern haben
noch keinem Kind geschadet.
Und du hast endlich mal wieder Zeit
für dich – und ihren Papa.

Mützen nerven sie.
Wenn du eine erwischst, mit der ihr beide zufrieden seid, kaufe sie gleich mehrfach. Wetten, dass ihr mindestens eine verliert?

Kinder lieben Wiederholungen und Rituale.
Sie geben Sicherheit und gehören später
zu ihren schönsten Erinnerungen.

Ein entschiedenes „Nein“
kann durchaus auch ein Zeichen der
Zuneigung sein. Nachgeben ist viel
einfacher und angenehmer. Anfangs!

Habe keine Angst davor, inkonsequent zu sein – solange du etwa 90 Prozent eurer Zeit konsequent bist.

Mädchen lässt man viel weniger durchgehen als Jungen, weil man ja genau weiß, wie sie ticken. Man lässt sich als Mutter nicht so leicht umgarnen.

Nimm deine Tochter ernst,
mach dich nie lustig über sie.

Sie hat sich wehgetan? Tröste sie und versuche dann, sie mit etwas Lustigem abzulenken. Oder bringe sie zum Staunen. Wenn sie unter Tränen lacht, ist alles wieder gut.

Glaube an deine Tochter, sei ehrlich zu ihr und mache sie stark gegenüber Ungerechtigkeiten.

Teile den Omas, Opas, Tanten
und Onkeln mit, welche Spielzeuge von
welchem Hersteller du anschaffen möchtest.
So seid ihr vor ungewollten
oder unnützen Geschenken gefeit.

Wenn eine Sache nach bestimmten
Regeln verläuft, erkläre sie deiner Tochter
zu ihrem eigenen Schutz.
Sie soll sich und anderen nicht schaden.

„Guck mal, Mama, ein Marini –
der hat vier Punkte!“
Lass dich auf kleine (Marienkäfer-)
Dinge ein, die aus Kindersicht
eine große Bedeutung haben.

Deine Tochter ist dein Spiegel.
Gefällt dir nicht, was du siehst?
Dann fange an, dich zu ändern.

Es ist hinreißend zu sehen,
wie sie alles genauso machen will wie du.

Mädchen wollen ganz früh alles selbst machen. Nimm dir die Zeit, lass sie, auch wenn es teilweise nervt.

Mädchen sind meistens clever – vor allem
in zwischenmenschlichen Dingen.

Akzeptiere es, in deiner Tochter gelegentlich deine Mutter wieder zu erkennen.
Die Erbgesetze überspringen manchmal eine Generation.

Betrachte es als Gewinn, dass du dein Verhältnis zu deiner eigenen Mutter mal von einer ganz anderen Warte aus betrachten kannst.

Die Beziehung zu einer Tochter kann um einiges intensiver sein als die zu einem Sohn, weil du dich in vielem wiedererkennst.

Kinder merken schnell, wenn wir Erwachsenen nicht ehrlich zu ihnen sind.

Kinder können mit der Wahrheit oft viel besser leben als mit irgendwelchen scheinbar kindgerechten Geschichten.

Behandle deine Tochter so, wie du wünschst,
von ihr behandelt zu werden.

Versuche ein gutes Vorbild zu sein.

Sie schreit und ist zornig, wenn du ihr Grenzen setzt? Halte durch! Auch im Supermarkt oder sonst wo außerhalb der eigenen vier Wände. Es lohnt sich für euch beide.

Schaffe dir, wenn möglich, eine Hängematte an. Sie wird es sehr genießen, darin geschaukelt zu werden – und ein gutes Körpergefühl entwickeln.

Richte ein Sparbuch für sie ein,
auf das du jeden Monat 10 Euro einzahlst.
Mit Zins und Zinseszins
wird daraus bis zu ihrer Volljährigkeit
ein kleines Vermögen.

Schenke ihr ein Sparschwein –
der Umgang mit Geld
gehört zum Selbstständigwerden.

Denke an dich selbst!
Spaß und Freude am Leben sind immer noch die besten Voraussetzungen, eine gut gelaunte Mutter zu sein.

Lache täglich mehrmals mit deinem Kind, auch in schwierigen Zeiten. Humor löst Spannungen – und beugt kindlichen Wutanfällen vor.

Albere mit ihr herum, sooft dir danach ist. Genieße ihr hinreißendes Glucksen und Giggeln, ihr völlig befreites Lachen. So lachen Kinder nur in den ersten Lebensjahren.

Lass dein Kind möglichst viel ausprobieren und bremse es nur, wenn du wirklich eine Verletzung befürchten musst.

Lerne mit ihr die Lieder aus ihrem Kindergarten, damit ihr sie auch zu Hause gemeinsam singen könnt.

Mache nur dann Versprechungen,
wenn du sicher bist,
dass du sie halten kannst.
„Ich versuche es,
aber ich weiß noch nicht, ob ich's schaffe!"
ist im Zweifelsfall besser.

Sie:

„Mag ich nicht! Is e-k-e-lig! ...
Hab' auch gar keinen Hunger!“

Mama:
(Möglichkeit Nr.1) „Eine Probierportion!
Wie immer!“
(Möglichkeit Nr.2) „So viele Happse
wie du alt bist!“

Der Fisch kocht noch,
aber der Hunger ist groß? Dann schmeckt die Möhre klasse! So bekommt sie schon mal eine Portion Vitamine.

Sie ist ein Gemüsemuffel? Sei erfinderisch. Wie wär's mit einem „Gesund-Schiffchen“, das, mit Obst- und Gemüsestückchen beladen, vor der Hauptmahlzeit so lange herumfährt, bis ihr es leer gegessen habt?

Viele Kinder entwickeln sich erst im Grundschulalter oder später zu guten Essern, denen du auch mit einem raffinierten Menü Freude machen kannst.

Gib nicht auf! Und brate ihr nicht immer eine „Extrawurst“. Sie soll von dem satt werden, was du für alle gekocht hast. Sie kann sich ja auch nur den Reis mit Sauce herauspicken und das Fleisch liegen lassen.

Lobe sie – sooft wie möglich.
Loben ist ansteckend, kritisieren auch.

Nimm dir Zeit für sie und widme dich ihr
ganz – es zählt die Qualität
der Aufmerksamkeit, nicht die Quantität!

Zeige deiner Tochter die Möglichkeit, sich kreativ auszudrücken. Gib ihr so früh wie möglich einen Bleistift und ein großes Stück Papier in die Hand.

Gib ihr Musikinstrumente wie Trommeln
oder Klangstäbe. Musik wirkt
auf ein Kind wohltuend und beruhigend.

Nimm deine Tochter schon ab dem dritten Lebensjahr mit zu kulturellen Veranstaltungen – nicht nur ins „Weihnachtsmärchen“ oder Kindertheater. Gehe mit ihr auch ins Ballett, Konzert, Museum und zu Kunstausstellungen.

Das sind gute Gelegenheiten,
die Gefühlswelt und die Intelligenz deiner
Tochter positiv zu beeinflussen.

Zeige und sage deinem Kind,
wie kostbar es für dich ist.

Deine Tochter soll selbstständig werden:
Lass sie viele Dinge alleine machen,
trau ihr ganz viel zu!

Dreh das Radio laut und tanze mit ihr.

Borge ihr ausnahmsweise
deinen Lieblingslippenstift.

Fördere ihr räumliches Vorstellungsvermögen. Das kann bedeuten, dass du mit ihr einen Hubschrauber oder ein Motorboot aus vielen Einzelteilen zusammenbaust.

Überlasse dies nicht nur ihrem Vater.
Wenn du Möbel
zusammenbauen kannst, schaffst du
auch den Spielzeug-Selbstbausatz.
Und denke daran: Du bist ihr Rollenmodell!

Erzähle ihr Geschichten –
am schönsten sind die selbst erfundenen.

Akzeptiere und liebe sie so, wie sie ist,
nur so stärkst du ihr Selbstvertrauen.

Nimm es nicht persönlich,
wenn sie mal meckerig ist.
Auch Kinder haben das Recht
auf einen schlechten Tag.

Es gibt keine ungezogenen Kinder – nur
gelangweilte oder solche, die
nicht genug beachtet werden.

Versuche Zurechtweisungen zu vermeiden, auch solche, die irrtümlich als harmlos gelten: „Ich hab es dir doch schon zigmal gesagt!“ „Das nächste Mal nehme ich dich nicht mit!“ „Du kannst dich ja gar nicht benehmen!“

Der genervte Ton und die erhöhte
Lautstärke in der Öffentlichkeit
verschlimmern die Situation
und verletzen ihre kleine Seele.

Du kannst mit deinem Kind vieles
durchmachen und erleben –
die Hauptsache ist,
du bleibst an seiner Seite.

Bringe den Freuden deines Kindes, seinem Geschmack, seiner „Arbeit“ und seiner Zeit dieselbe Achtung entgegen, die du einem Erwachsenen schenken würdest.

118 119

„Mama, das schenk ich dir!“
Sie wird sehr stolz sein, wenn du ab und zu mal eines ihrer kleinen Meisterwerke rahmst und aufhängst.

Bringe ihr bei,
im täglichen Zusammenleben mitfühlend,
aktiv und kreativ zu handeln.

Versuche, deine Antipathien und Ängste möglichst nicht auf deine Tochter zu übertragen.

Sie findet Schnecken, Spinnen, Ameisen und anderes Getier spannend? Unterstütze ihren Forscherdrang und kauf ihr einen Lupenbecher; du musst die Viecher ja nicht selbst anfassen ...

Und abends müssen die Tierchen
alle wieder nach Hause zu ihrer Mami!
Das muss sie verstehen.

Lass nicht zu, dass sie Tiere quält.
Ehrfurcht vor der Natur und ihrer
Verwundbarkeit sind wichtig für ihre
und unsere Zukunft.

Kinder leben immer im Jetzt.
Das, was sie gerade tun, ist immer
am wichtigsten und schönsten.

„Wollen wir jetzt nach Hause gehen?“ Natürlich folgt ein entsetztes „Nein, noch nicht, Mami!!!“ Ein klares „Wir gehen jetzt nach Hause!“ verkürzt die Stresssituation. Und zur Not hilft auch ein „Eins, zwei, und die letzte Zahl ....“

Kinder verdienen unsere Aufmerksamkeit
und unseren Respekt,
wann immer wir mit ihnen zusammen sind.

Lass sie nach dem Spielen ihr Zimmer aufräumen. Das schont deine Knie und deine Nerven. Anfangs musst du ihr allerdings zeigen, wie es geht.

Hilf deiner Tochter, vom Tag Abschied
zu nehmen. Lies ihr im Bett eine Geschichte vor,
singe ein Lied, halte ihre Hand.
Dann klappt es mit dem Einschlafen viel besser.

Erhöhe nicht die Lautstärke,
um dich vermeintlich besser
durchsetzen zu können.

Lass deine Tochter in Ruhe ihre Umgebung erkunden. Das geht am besten, wenn Mama in der Nähe ist.

Störe sie nicht in solchen Momenten,
indem du an ihr herumzupfst oder
ihr Äußeres „putzt".

Entschuldige dich bei deinem Kind, wenn du ihm Unrecht getan hast. Das tut beiden gut. Du kannst schon einem kleinen Kind sagen, dass du dich nicht fair benommen hast. Es wird deine Entschuldigung gerne annehmen.

Vermeide möglichst alles, was in Richtung Liebesentzug geht, vor allem Bemerkungen wie „Wenn du so bist, mag Mama dich gar nicht leiden“.

Bemühe dich, unter Geschwistern
kein Kind dem anderen vorzuziehen.

Ein gemeinsames Essen ist eine wunderbare Gelegenheit, sich als Familie wahrzunehmen.

Wartet immer, bis alle sitzen, beginnt gemeinsam und hört gemeinsam wieder auf. Ein kleines Tischgebet oder ein immer wiederkehrender Spruch helfen auch kleinen, quengeligen Mädchen zu warten.

„Mund abputzen, nicht schlürfen,
bleib bitte noch sitzen ...“
Gute Tischmanieren erfreuen nicht nur
Oma und Opa.

Klare Ansagen machen das Leben leichter.

Stelle Regeln auf und bestehe darauf, dass sie eingehalten werden.
Dann trocknen die Malstifte nicht aus und es ist klar, dass nach dem Sandmännchen wirklich Schluss ist. Meistens jedenfalls.

Sei geduldig,
auch wenn es manchmal schwerfällt.

Bitte. Danke. Guten Tag. Auf Wiedersehen.
Vier Zauberformeln zum Glück.

Steter Tropfen höhlt den Stein. Auch wenn du es schon zehn- oder elfmal gesagt hast, geht auch noch ein zwölftes Mal.

Akzeptiere ein „Nein“, wenn deine Tochter keine Nähe will. Verteidige es auch gegenüber wohlmeinenden Verwandten, die feuchte Küsse verteilen wollen.

„Schatzilein, nicht in den Mund nehmen! Das ist schmutzig und da sind Bakterien dran.“ Meine Dreijährige schaut mich groß an: „Mami, du bist so schlau, woher weißt du das?“ „Na ja, alle Mamis wissen so etwas; sonst darf man nicht Mami werden.“ Schatzilein überlegt: „Ach so, Mami! Und wer das nicht weiß, der wird dann der Papi?!!“

Wir sollten unseren Kindern helfen,
nette Erwachsene zu werden.

Es ist dir wichtig, dass sie eine bestimmte Sache lernt?
Dann lass sie es selbst ausprobieren!
Wenn ihr nur darüber redet oder du es ihr vormachst, ist es nur halb so wirksam.

Falls möglich, lass sie ein eigenes Blumen- und Gemüsebeet anlegen. Drei, vier kleine Erdbeeren aus ihrem Garten und der selbst geerntete Kopfsalat zum Abendessen machen sie stolz und glücklich. Und sie lernt Verantwortung zu tragen.

Lass deine Tochter frühzeitig ihren eigenen Kleidungsstil entwickeln. Was spricht dagegen, wenn sie ihr „gutes Kleid“ auch in den Kindergarten anzieht. Die festlichen Gelegenheiten sind selten und sie möchte manchmal einfach die „Prinzessin“ spielen. Später wird alles noch viel zu häufig „peinlich“ sein.

Mach dir nicht zu viel daraus, wenn sie zu Hause das Kuschelkätzchen ist, sich aber vor „Publikum“ in eine Kratzbürste verwandelt oder so tut, als ob sie dich kaum kennt. Auch diese Phase geht vorbei.

Du kannst ruhig zugeben, wenn du dich mal geirrt hast. Das tut deiner Autorität keinen Abbruch – und sie lernt, dass niemand perfekt sein muss, auch sie selbst nicht.

„Nein, ich will nicht!“ Lass dir eine Verweigerung immer begründen. Dann verstehst du dein Kind besser.

Es kann allerdings auch sein,
dass sie mitten in ihrer ersten oder zweiten
Trotzphase ist, in der es nur darum geht,
den eigenen Willen zu erproben und sich
von Mami und Papi abzugrenzen.

Sie erfindet plötzlich fantastische
Geschichten und ist fest davon überzeugt,
dass sie stimmen?
Mach dir keine großen Gedanken!
Sie ist vermutlich im „magischen“ Alter.

Geheimnisse gehören zum
Größerwerden dazu.
Vertraue ihr und lass ihr ihre kleine Welt.

Erzähle ihr abends vor dem Einschlafen von den gemeinsamen Tageserlebnissen. Das stärkt eure Verbundenheit und fördert die Sprachentwicklung.

Triff möglichst viele Entscheidungen gemeinsam mit ihr – aber überfordere sie nicht. Sie kann noch nicht alle Konsequenzen überblicken.

Wenn es um wirklich wichtige Dinge geht, überstürze nichts. Und lass ihren Vater an der Entscheidung mitwirken. Oder einen anderen männlichen Freund. Das erweitert die Perspektive und du musst nicht zu viel Verantwortung allein tragen.

Kinder kennen weder Stress noch Hektik,
bevor wir es ihnen „beibringen“.

Beneide deine Tochter ruhig um ihre Ruhe und Zeitvergessenheit. Möchtest du nicht genauso gern im Jetzt leben?

Versuche deinem Kind Mitgefühl für Außenseiter zu vermitteln. Es lernt so immer besser, sich in andere Menschen hineinzuversetzen.

Besprich mit deiner Tochter Konflikt-
situationen. Höre ihr gut zu,
nimm ihre Meinung wichtig,
erkläre ihr deine Sicht der Dinge.

Gib deiner Tochter genügend körperliche
Nähe. Das stärkt ihr Selbstwertgefühl.
In der Hektik des Alltags
wird das manchmal vergessen.

Hebe ihre Kleider nicht vom Fußboden auf.
Das soll sie selbst tun!
Sie wird dir später dankbar dafür sein.

„Mama, mir ist langweilig!"
Alle Kinder versuchen, ihre Eltern als
Entertainer einzuspannen.
Fall nicht darauf herein.
Sag einfach: „Langeweile ist gesund."
Dann denkt sie sich schon selber etwas aus.

Nobody is perfect. Auch die Schwächen deiner Tochter sind liebenswert.

Kritisiere nicht zu viel an deinem Äußeren herum. Sonst wird sie es später auch schwer haben, ihre nicht ganz so perfekten Seiten zu akzeptieren.

Wenn sie zum fünften Mal
ihre Handschuhe verliert, lass sie erst mal frieren. Sie muss auf ihre Sachen besser aufpassen. Nur wenn sie Konsequenzen spürt, wird sie sich das merken.

Sorge dafür, dass dein Kind ein sorgsames und einfühlsames Verhältnis zur Natur bekommt. Das ist für ihre und unsere Zukunft entscheidend.

Lass dich nicht (zu schnell) erweichen, wenn sie ihren Augenaufschlag an dir ausprobiert.

Bring ihr bei, das Leben zu genießen.
Das fängt mit dem Kuscheln und Schmusen
an und geht in der Küche
und beim Essen weiter.

Kinder lieben es, beim Kochen und Backen zu helfen. Das ist dreimal so spannend wie die Sesamstraße. Lass sie viel ausprobieren, auch wenn mal was daneben geht.

Kinder lieben Rituale und feste Regeln. Alles, was sich regelmäßig wiederholt, gibt ihnen das Gefühl, geborgen und sicher zu sein.

Es kann euch beiden gut tun, in wichtigen Situationen oder vor großen Entscheidungen zu beten. Danken und Bitten und Sich-Geborgen-Fühlen bei einer höheren Macht entlastet dich.

Weihnachten ist mehr als die Bescherung
am Heiligen Abend.

Lebe deiner Tochter deine Werte vor,
sie wird sie übernehmen – bis sie
in der Pubertät alles in Frage stellen darf.

Sei nicht nachtragend.

Wenn du mit deinem Kind unterwegs bist, geh mit ihm öfter mal in eine Kirche. Zündet Kerzen für liebe Menschen und Verstorbene an. So kann dein Kind Abschied und Trennung verarbeiten.

Lies ihr jeden Abend etwas vor.
Kuschele mit ihr.

Stoßseufzer einer gestressten Mutter:
„Ich brauche über eine Stunde, um sie ins
Bett zu bringen." Wenn du
eine Gewohnheit ändern willst, tu es.
Dein Kind wird sich anpassen.

Wenn du deine Tochter allein großziehen musst, schaffst du das auch! Und wenn du Glück hast, wirst du mit einer ganz besonders intensiven und schönen Mutter-Tochter-Verbindung belohnt.

Oft werden dir zwar Zeit und Geld fehlen, aber das Geschenk, eine Tochter ins Leben begleiten zu dürfen, ist sehr viel mehr wert als materielle Güter.

Achte als Alleinerziehende darauf,
dass sie auch männliche Bezugspersonen
und Ansprechpartner hat.

Wie schön, wenn der Opa
eine wichtige Rolle spielt!
Aber auch andere männliche Familien-
mitglieder und Freunde können mit ihr
viel unternehmen und ihr die Welt mit
ihren Augen zeigen.

Erlaube dir, eine getroffene Entscheidung zu ändern, wenn du merkst, dass sie nicht ganz richtig ist. Wir müssen nicht um jeden Preis immer hundert Prozent konsequent sein.

Suche eine gute Schule für deine Tochter aus und hilf ihr, den Schulalltag zu bewältigen.

Lass sie immer mit einem Lächeln
aus dem Haus gehen.

196 197

Wichtig ist, dass sie in der Schule
nicht überall gleich gut sein muss
und auch Arbeiten verhauen darf.

Fördere die besonderen Begabungen deiner Tochter.

Ermutige sie, auch Sachen anzugehen, die ihr zunächst Angst machen oder unangenehm sind.

Begehe nicht den Fehler, ihr alle Schwierigkeiten aus dem Weg zu räumen. Sie kann schon selbst ganz viel regeln!

Besorge dir das Klassenfoto und übe die Namen ihrer Mitschüler und Mitschülerinnen.

Besprich Probleme tagsüber mit ihr.
Dann habt ihr noch Zeit,
euch bis zum Abend zu versöhnen.

202 203

Suche das persönliche Gespräch
mit ihren Lehrern.
Lass dich nicht abwimmeln.

Sei an der Seite deiner Tochter;
setz dich für sie ein, wenn sie dir
von ihren Problemen erzählt.

Lehrer wissen viel weniger von deiner Tochter, als du vermutest. Es kann hilfreich sein, ihnen mehr über ihre Neigungen und die familiäre Situation zu erzählen.
So können sie besser auf dein Kind eingehen und es gezielt fördern.

Unterstütze dein Kind in allem, was es kann
und schau gemeinsam mit ihm geduldig und
nachsichtig auf Dinge,
die es bestimmt noch lernen wird.

Wenn dein Grundschulkind beim Lernen mal in eine Sackgasse gerät, bedränge es nicht. Verabrede mit ihm einen besseren Zeitpunkt.

Zu Großeltern, Tante und Onkel entwickeln alle Kinder eine ganz eigene Beziehung. Mit dem nötigen Maß an Feingefühl und Toleranz werden alle Beteiligten ihren Nutzen davon haben.

Ein Haustier tut allen Familienmitgliedern gut und erzieht alle mit!
Bei Mädchen sind die Wunschtiere meist etwas größer und haben statt Pfoten vier Hufe.

Es bringt nichts, Geschwister als Vorbilder anzuführen, auch wenn sie bessere Noten nach Hause bringen. Jedes Kind hat seine eigenen Talente und Schwächen.

Es ist ein Phänomen: Wenn es mit einem Geschwisterkind Ärger gibt, sind die anderen umso netter und hilfsbereiter.

Auch bei scheinbarer Erziehungsresistenz: In unbeobachteten Momenten zitieren ältere Geschwister den jüngeren gegenüber gern die Eltern – wortwörtlich.

Variiere deine Erziehungsmaßnahmen.
Nicht immer nur Fernsehverbot!

Besprecht euch und schließt dann
Verträge ab: Wenn du das machst/
nicht machst, dann darfst du dafür
bzw. sonst darfst du nicht ...
Unterschreibt beide, haltet euch daran.

Vergib Punkte oder benutze Symbole,
das macht auch ihre Grundschullehrerin
mit Erfolg.
Wochenverträge sind übersichtlich.

Das Hobby der Eltern ist nicht automatisch das Hobby der Kinder und umgekehrt.

Überlege dir, wie lange deine Tochter vor dem PC sitzen darf. Vereinbart eine Fernsehzeit, ein Zeitkontingent für den Computer, für die Playstation. Daran muss sie sich halten.

Tröste dich, auch andere Mütter halten die zeitlichen Begrenzungen nicht (immer) durch. Kinder können ganz schön hartnäckig sein, wenn es um ihre Lieblingsbeschäftigungen geht.

Diskussionen um sinnvolle Grenzen
lohnen sich immer.
Auch wenn du als Mutter
momentane Ablehnung erfährst.

Suche für deine Tochter eine Sportart aus,
die ihren Teamgeist stärkt.

Stelle dich darauf ein, dass deine Tochter im Laufe ihrer Kindheit mehrere Instrumente und Sportarten ausprobieren wird. Mitgliedschaften in diversen Musikschulen und Sportclubs kommen und gehen. Instrumente und Karateanzüge werden gekauft, wieder abgelegt und erinnern später an eine bewegte und abwechslungsreiche Kinderzeit.

Wenn deine Tochter sich entscheidet, etwas zu beginnen, dann mit ganzer Kraft! Schwächephasen, z.B. beim Handballtraining, haben wir bewältigt, indem wir die Verabredung getroffen haben: „Versuch es noch zweimal, dann diskutieren wir neu." Das war immer hilfreich, meistens war der Frust dann abgearbeitet.

Frage sie, was sie tagsüber gemacht hat.
Und denk daran:
Sie merkt es, wenn du nicht
aufmerksam zuhörst.

Biete deiner Tochter immer wieder neue Möglichkeiten an, Erfahrungen zu sammeln. Ein Reiterhof oder ein Zeltlager mit einer Freundin sind eine tolle Sache, aber warum nicht auch mal im Garten zelten?
Oder in der Dämmerung auf dem Spielplatz ein Abendpicknick veranstalten ...

Kinder lieben es, wenn wir improvisieren. Euer Urlaub klappt nicht wie geplant? Dann gibt's eben „Ferien zu Hause“: Jeder hat drei Wünsche frei. Auf einmal habt ihr viel Zeit füreinander. Erlebe die eigene Stadt mal aus der Kinderperspektive, spielt zusammen Tennis, seht euch gemeinsam Wunschfilme an und was euch sonst noch alles einfällt. Dieser Urlaub wird unvergessen bleiben.

Erzähle ihr Familiengeschichten und Erlebnisse aus deiner Kindheit. Sie denkt gerne darüber nach und erfährt dabei auch, wie sich Menschen und Zeiten ändern.

Geh mit ihr in klassische Konzerte, nimm sie mit zum Open Air Festival; vielleicht hat sie auch Lust ein Instrument zu spielen. Musik macht ihr Leben reicher.

Achte darauf, welche Filme und
Fernsehsendungen sie sich anschaut.
Das könnte heißen, dass auch du überlegst,
welche Sachen du dir selbst ansiehst.

Mach die Tür zu!
Eine Regel, die in jedem Alter wichtig ist.

Zeige ihr, wie sie ihr T-Shirt, ihr Kleid oder
ihre Hose bügelt. Bügeln kann
Spaß machen, das weißt du doch!

Sie will mehr Taschengeld? Wie wäre es mit einem Ferienjob? Dann entwickelt sie auch gleich ein anderes Verhältnis zum Geld.

Ja, Jeans und flache Treter sind so schön praktisch! Zieh dich trotzdem manchmal schick an. Deine Tochter wird dich loben.

Sie benutzt zu viel Mehl und Backpulver,
wenn sie Eierpfannkuchen backt?
Sieh darüber hinweg und sei stolz darauf,
dass sie selbst kochen will.

Ihr fahrt im Sommer ans Meer? Lass sie die Schönheit eines Sonnenuntergangs genießen.

Besonders schwierig ist für eine Mutter der Umgang mit der Angst, dass ihrer Tochter etwas zustoßen könnte. Vermittle ihr, wie sie sich in einer gefährlichen Situation verhalten soll. Zeige ihr aber auch, dass du auf ihre Fähigkeit, klug zu reagieren, vertraust.

Für den Sturm des Lebens
musst du bereit sein.
Ich schenk dir ein Mäntelchen aus Liebe
und Perlen der Weisheit fürs Haar;
sie werden dir raten –
und er hält dich warm.

Sie kommt morgens schlechter aus dem Bett?
Sei hartnäckig, aber geduldig.
Ihr Biorhythmus verändert sich komplett.

Lass sie am Wochenende ausschlafen.

Sie ist schnell genervt, weiß alles besser und hat Geheimnisse vor dir?
Sie ist in der Pubertät!

Wenn sie dir zuhört und trotzdem nicht viel von dem mitkriegt, was du ihr gerade sagst, nimm es nicht zu persönlich. Hirnforscher sagen, dass sei in dieser Phase normal. Stell dir vor, sie steckt zeitweilig in einer Art Kokon.

Sie ist jetzt sehr zart besaitet und muss körperlich und seelisch viel Neues verarbeiten. Falls nötig, schreib ihr eine Entschuldigung und lass sie einen Tag zu Hause bleiben. Das kann Wunder wirken!

Gib dir genügend Zeit,
eine Entscheidung zu treffen, auch wenn
deine Tochter drängelt.

Wundere dich nicht, es geht uns allen so:
Ab einem bestimmten Alter gehören
Fotohandy, MP3-Player und Digitalkamera
zur Grundausstattung.

Halte sie dazu an, dass sie ihr Handy immer aufgeladen hat. Sie wird es trotzdem immer wieder vergessen – gerade dann, wenn du dir Sorgen machst und gern wüsstest, wo sie ist.

Akzeptiere, dass Selbstständigkeit bei
Mädchen meist mit der Frisur beginnt.
Was ist so schlimm an blauen Haarsträhnen?

Viele Teenager finden Piercings und Tattoos cool. Vertröste sie einfach auf ihren 18. Geburtstag und sei die blöde langweilige Mutter, die nichts, aber auch gar nichts erlaubt.

Richte ihr einen eigenen Telefonanschluss (mit Flatrate!) ein. Dann kann sie stundenlang mit ihren Freunden telefonieren. Und du bist nicht von der Außenwelt abgeschnitten.

In ihrem Körper ist hormonell gerade fast so viel los, wie in den ersten Monaten deiner Schwangerschaft.
Versuche, ihre schwankenden Stimmungen mit Liebe zu ertragen.

Erkläre ihr, dass ihr Körper gerade in einer großen Umbauphase ist, damit sie auch selbst Geduld mit sich hat.

Geh mit ihr ins Kino,
wenn sie dich darum bittet. Versuche,
ihre Begeisterung mitzufühlen.

Warte nicht auf später und bleibe nicht
in der Vergangenheit hängen.
Jede Altersstufe hat wunderbare Seiten.
Erlebe und genieße das Leben in der
augenblicklichen Altersphase ganz bewusst.

Hat sie die richtigen Freunde? Ihre Clique wird eines (nicht zu fernen) Tages wichtiger sein als ihre Familie.

Rede rechtzeitig mit ihr über Sex, Drogen und Alkohol auf Parties. Wenn du es nicht machst, tut es jemand anders.

256 257

Früher oder später wird es dazu kommen, dass sie Erfahrungen mit Sexualität macht. Den perfekten Zeitpunkt dafür gibt es nicht. Ob schon mit 13 oder erst mit 18 bestimmt jedes Mädchen selbst. Wichtig ist für deine Tochter, dass sie bei Problemen jederzeit zu dir kommen kann und ihr immer eine Lösung finden werdet.

Platze nicht unangemeldet in ihr Zimmer,
wenn sie Jungenbesuch hat.
Klärt lieber vorher, wie sie sich verhalten soll.

258 259

Versuche, dich zu bremsen und nur,
wenn du es gar nicht mehr aushältst,
nachzufragen, ob sie etwas essen
oder trinken wollen.
Kontrolliere dich zur Not mit der Uhr.

Besprich mit ihr, dass sie sich vorher
überlegen soll, wie weit sie gehen möchte.
Mache ihr klar, dass
ihre Gefühle sie überwältigen können.

Pflege eine liebevolle Beziehung zu ihrem Vater. Das prägt sich bei ihr ein.

Respektiere ihren Vater; erst recht,
wenn ihr kein Liebespaar mehr seid.
An eurer Elternschaft
ändert sich dadurch ja nichts.

Du kannst deine Tochter gern verwöhnen, aber hindere sie nicht daran, selbstständig zu werden. Es kommt der Tag, an dem sie ohne dich auskommen muss.

Zeige ihr, dass nicht alles
logisch erklärt werden kann.

Weise sie auf erfolgreiche Frauen hin,
die nicht dem Schönheitsideal entsprechen.
Versichere ihr, dass wahre Schönheit
von innen kommt.

Es gibt kaum schwarze Frauen in der Werbung. Deshalb haben schwarze Mädchen viel weniger Magermodel-Vorbilder im Kopf – und bezeichnenderweise viel weniger Probleme damit, ihren Körper so zu akzeptieren, wie er ist – sagt die englische Bestseller-Autorin Zadie Smith.

Sage ihr und ihren Freundinnen:
„Macht euch frei davon, dass ihr angeblich nur bis Größe 38 begehrenswert seid. Das haben sich sowieso nur Modemacher ausgedacht, die weibliche Formen nicht besonders mögen. Die meisten Männer lieben Rundungen ...“

Erfreue dich an ihrer Schönheit, an ihrer knackig frischen, jungen Haut, an ihrer Sorglosigkeit. Es ist ein Geschenk der Jugend. Trotzdem willst du nicht selbst wieder fünfzehn sein, oder?

Mutter und Tochter können
beste Freundinnen sein,
aber überfordere sie nicht.
Für deine Erwachsenenprobleme
ist sie nicht die richtige Adresse.

„Mama, alle anderen dürfen auch!"

Dieser genervte Unterton à la „Nur meine Mutter versteht mich wieder nicht" sollte dich nicht zu stark verunsichern.
Den Trick haben sie alle drauf.

Auch wenn sie es „total doof" findet –
natürlich kannst du dich mit den anderen
Müttern aus der Klasse absprechen,
wie lange sie auf der Party bleiben darf.

Sie sagt genervt:
„Ja, Mama, mach ich gleich“, um es sofort wieder zu vergessen?
Du hast einen Teenager vor dir.

Du redest freundlich mit ihr, aber sie ist ganz in Gedanken versunken? Und wenn du dann endlich ihre Aufmerksamkeit hast, ist es trotzdem noch so, als würdest du in einer fremden Sprache mit ihr sprechen? Sei nachsichtig – so sind pubertierende Mädchen.

Feiert den Tag, an dem sie das erste Mal
ihre Periode bekommt.
Vielleicht mit einem Mutter-Tochter-Essen
beim Lieblingsitaliener?
Die Botschaft des Tages:
Sie ist nun eine Frau –
und das ist etwas ganz Besonderes.

Zuhören (manchmal auch nachts um eins) ist ein wunderbares Mittel, unseren Kindern dabei zu helfen, erwachsen zu werden! Gute Gespräche entstehen dabei von ganz allein.

Zum Erwachsenwerden gehört ein festliches Ritual.

Konfirmation, Jugendweihe oder ein selbst organisiertes Familienfest mit Ansprachen, einem Festmahl und Geschenken werden deiner Tochter das Gefühl geben, von nun an mehr Verantwortung, aber auch mehr Rechte zu haben.

Fördere ehrenamtliches Engagement.
Die Welt ist so gut,
wie wir sie uns gestalten.

278 279

Wenn ihr euch beim Shoppen streitet,
lass sie mit ihrer besten Freundin gehen.
Du schonst deine Nerven und umtauschen
könnt ihr zur Not ja auch noch.

Übrigens werden Eltern in dieser Phase leicht als peinlich empfunden. Chauffeur spielen dürfen wir. Aber möglichst unauffällig und bloß nicht zu früh abholen kommen! Tröste dich, das geht uns (fast) allen so.

Teile dir den Chauffeur-Job
mit anderen Eltern.

Wenn du „Fahrdienst“ hast und die Mädeltruppe hinten im Wagen ganz aufgedreht herumgiggelt und diskutiert, wer mit wem und was überhaupt auf der Party los war, ist das deine Chance, Mäuschen zu spielen – und tiefe Einblicke in das momentane Seelenleben deiner Tochter zu erhalten.

Pflege ein offenes Haus. Ihre Freunde
und Freundinnen sind immer willkommen.

Trage Konflikte mit ihr möglichst nicht vor ihren Freundinnen aus.

Sie ist viel zugänglicher, wenn du einen guten Moment mit ihr allein erwischst.

Der Körper deiner Tochter ist einzigartig.
Schönheitsoperationen sind riskant,
teuer und lassen
alle gleich aussehen.

Bete um Weitsicht bei der Erziehung
deines Kindes und betrachte es
als Gottesgeschenk, dass es dir
anvertraut worden ist.

Achte darauf,
in Gegenwart ihrer Freundinnen
keine Koseworte zu gebrauchen.
Alles kann ihr peinlich sein,
vor allem die eigene Mutter.

Vielleicht tust du einfach mal so,
als wärst du die nette Nachbarin,
die zufällig reinschaut.

Sei stets auf ihrer Seite, egal,
was passiert.
Bewahre sie vor unwiderruflichen
Entscheidungen.

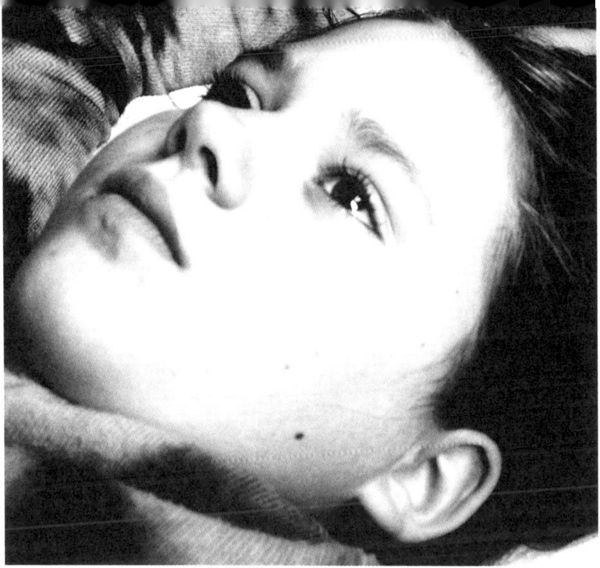

Vertraue deiner Tochter.
Du musst nicht über alles informiert sein.

Sei deiner Tochter eine Vertraute,
wenn sie es wünscht und
sei ihr eine gute Freundin,
wenn sie es braucht.

Erwarte es auf keinen Fall umgekehrt.
Und sollte es doch einmal so sein –
erzähle es niemandem!

Brüste Dich auf keinen Fall vor anderen damit, dass ihr ja ein so vertrautes Verhältnis zueinander habt! Wenn es tatsächlich so ist, wäre es gestört, sobald ihr dies zu Ohren kommt.

Glaube ihr kein Wort, wenn sie sagt, es sei ihr nicht so wichtig, ob sie in der Schule gut sei. Überlege, wie du sie unauffällig unterstützen kannst.

Lass deine Tochter ihre Konflikte mit Gleichaltrigen selbst austragen; bei Konflikten mit Lehrern darfst du dich ruhig einschalten.

Vergiss nicht, dass sie dich sehr gut kennt,
manchmal besser als du selbst.
Erwarte aber nicht,
dass sie dir irgendwelche Tipps gibt.

Bitte deine Tochter in Stilfragen ruhig um Rat. Erst zögernd und ungläubig, wird sie dich zuletzt fachkundig beraten.

Bei Liebeskummer: Wortlos in den Arm nehmen, trösten und wenn sie dir freiwillig ihr Herz ausschüttet, zuhören – aber um Himmels Willen nicht ausfragen!

Deine Toleranz, dein Verständnis und
dein Einfühlungsvermögen sind in dieser
Lebensphase besonders gefragt.
Es ist lebensnotwendig für deine Tochter,
dass gerade du sie verstehst.

Teile mit deiner Tochter die Vorfreude auf einen schönen Partyabend. Gib ihr Schminktipps und leihe ihr etwas aus deinem Kleiderschrank.

Schenke deiner Tochter ausreichend Rasierutensilien, damit der morgendliche Frieden nicht durch einen Wutausbruch des Vaters gestört wird – wegen Rasierschaumdiebstahls.

Eine 50-jährige Tochter: Du bist erst frei, wenn du dir erlaubst, so zu sein, wie deine Mutter es (gewesen) ist.

Lass sie ihre eigenen
Zukunftswünsche entwickeln.

Sie hat andere Talente als du?
Fördere sie.

Längere Sitzungen im (geschützten)
Chatroom weiß man manchmal erst
zu schätzen, wenn der erste
reale Freund auftaucht.

Bleib bei deiner Meinung,
auch wenn sie mit großer Inbrunst behauptet,
es sei normal, bis zwei Uhr nachts unterwegs
zu sein, nur eine Stunde pro Woche zu lernen
oder mit sechzehn bereits auszuziehen.

Du sollst ihr dein Auto leihen? Und dann am besten noch mit enteister Windschutzscheibe und vollgetankt?
Aber jammern wir nicht – im Grunde sind wir ja so stolz darauf, endlich eine neue Führerscheinbesitzerin in der Familie zu haben. Das bringt Vorteile für alle.

Ermuntere deine Tochter, einen Ferienjob anzunehmen. Nichts ist schöner, als selbst verdientes Geld auszugeben. Auch Extrawünsche lassen sich so finanzieren.

Dulde ihre kreativen Anwandlungen
in der Küche. So wird sie selbstständig.
Sag, dass es dir prima schmeckt,
mach behutsam(!)
ein paar Ergänzungsvorschläge.

Wenn es dir gelingt, möglichst viel von dem zu realisieren, was du dir vorgenommen hast, bist du deinem Erziehungsziel näher gekommen.

Wir alle machen Fehler, also lass dich
nicht aus der Ruhe bringen,
wenn sie als zorniger junger Mensch
mal „abrechnen“ will.

Das Wichtigste ist, dass du sie liebst – bedingungslos.

Sie wird ihre eigenen Fehler
und Erfahrungen machen, wenn sie
Mutter wird. Oft wächst dann
das Verständnis füreinander.

Ich wünschte, ich könnte dir,
durch meinen Garten führend,
all meine Geheimnisse erzählen,
all meine Erfahrungen zeigen und wissen,
dass du dadurch duftende Blüten finden
und bittere Medizin vermeiden wirst.

Doch ich weiß, du musst
den Garten selbst ergründen,
bepflanzen und erfahren.

Danke an die Mütter, die mit ihrem Wissen und ihren Erfahrungen zu diesem Buch beigetragen haben:
Anja mit Tina (35), Antje mit Patrick (7), Barbara mit Marc und Carolin (10/ 12), Biggi mit Maria, Carolin und Anna (14/ 17/ 19), Brigitte mit Antonia (8), Christiane mit Matthias, Johannes, Anna, Maria (12/ 13/ 16/ 19), Claudia mit Emily und Malou (5/ 15), Daniela mit Marie und Ben (6/ 8), Hedi mit Felicia (15), Imme mit Fee und Fedor (15/ 17), Karen mit Emmelie und Caroline (13/ 19), Katja mit Elena und Anthony (3/ 7), Nadja mit Rosalie und Emily (3/ 6), Nancy mit Rabea (15), Renate mit Katharina (16), Sabine mit Matthes und Kerstin (18/ 28), Sigrid mit Tom und Lotte (10/ 13), Stefanie mit Marie und Theresa (5/ 11), Susanne mit Maja und Jonas (12/ 14).

Die Gedichte auf den Seiten 6, 51, 238 und 318 stammen von Imme.

Bildnachweise: **photocase.com**©baukje (S. 07), ©fotofranny (S. 14, 57, 74), ©director_ of_art (S. 23), ©m!ra (S. 29), ©life_is_live (S. 35), ©Dragon30 (S. 37), ©Wickelbär (S. 42), ©Francois (S. 89), ©Padapapada (S. 107), ©provid (S. 123), ©bruzzomont (S. 126), ©tora (S. 139), ©Schmonzetten-punkette (S. 146), ©Schamane (S. 155), ©WaCH (S. 163), ©OlafXIV (S. 174), ©Kai1989 (S. 186), ©time2share (195, 280), ©Scylares (S. 199), ©momosu (S. 208), ©sethluke (S. 222), ©rokit_de (S. 239), ©stooh (S. 242), ©prokop (S. 250), ©little-smile (S.285), ©elke (S.293), ©cfranziska (S.302), ©Gudula (S.319)
fotolia.com© Adam Borkowski (S. 09), © 5AM(S. 85), © Grisu1972 (S. 105), © Lisa F. Young (S. 171), © iofoto (S. 271)